汐文社
ちょうぶんしゃ

それって決めつけじゃない!?
アンコンシャス・バイアス

ねえ、
おもしろいこと言って

え……

つっこみとか、
ボケとか
できるんでしょ

わかる、わかる

動物が苦手な人って
冷たいから、やだ～

……

1巻 男子なら虫がさわれる!? ほか

監修 北村英哉　　文 松島恵利子　　マンガ・イラスト のはらあこ

はじめに

世の中には多くの思い込みがあふれています。

たとえば、「男は泣いてはいけない」、「女性はていねいな言葉づかいをするべきだ」とか、「お年寄りはがんこ」「最近の子どもは根性がない」とか……。

本当はひとりひとりちがうのに、ひとくくりに決めつけてしまいがちなのです。

このような、無意識の決めつけや思い込みを「アンコンシャス・バイアス」といいます。

アンコンシャス・バイアスの問題点は、決めつけをされた人がつらい思いをしたり、いやな気持ちになったりすることです。また、決めつけをした人が、だれかをきずつけていることに気づかないことも問題です。そして、他人に対してだけでなく、自分に対するアンコンシャス・バイアスもあります。

この本では、身近な場面を通じて「もしかして自分にもあてはまるかも」と気づいてもらえるよう、わかりやすく解説しています。本を開いていっしょに考えましょう。

監修者　北村英哉

もくじ

アンコンシャス・バイアス ってなんだろう？

質問1

スポーツがとくいなのはどっちの子だと思う？

ダンスが好き！

本を読むのが好き！

それって、思い込みや、決めつけじゃない？

質問 1 では、多くの人が「ダンスが好きな子」を選び、質問 2 では「黒人」を選びます。その理由は、「本が好きな子は運動が苦手そうだから」「黒人は足が速いから」などです。

本当にそうでしょうか。読書が趣味のオリンピック選手もいますし、ダンスが好きなのととくいなのはちがいます。

とくいなことも苦手なことも、ひとりひとり違います。見た目やイメージだけではわからないのです。

このように、「きっとこうだろう」「こうにちがいない」と、無意識に決めつけたり、思い込んだりすることをアンコンシャス・バイアスといいます。

アンコンシャスは「無意識」。バイアスは「先入観」で、決めつけや思い込みを表します。

世の中にはたくさんのアンコンシャス・バイアスがあります。どんなものがあるのか、いっしょに学んでいきましょう。

質問2
足が速いのは、どっちの人だと思う？

男子は虫が好き。
本当にそうかな？

「男子は昆虫が好き」「男子は平気で虫をさわれる」。

もし、あなたがそんなふうに思ったとしたら、まずはその理由を考えてみてください。

もしかすると、お父さんや兄弟、あるいは男子の友だちが、虫取りが好きだったり、虫を平気でさわっていたりするからかもしれません。また、テレビのコマーシャルや町で見かけるポスターなどで、虫取りあみを持った男の子の姿が印象に残っているからかもしれませんね。

けれど、男子の中には、「図鑑で虫の写真を見るのもいやだ」「家に虫がいたら、家族に退治してもらう」という人もいます。一方、「私、昆虫が大好き！」「カブトムシやスズムシを育ててるよ」という女子もいます。つまり、好ききらいは、男女に関係なくひとりひとりちがうのです。

「男子は虫が好きに決まってる」。これはアンコンシャス・バイアスです。

「男子は女子を助けるべき！」と、思っていませんか

また、前のページのマンガでは、男子がいやがっているにもかかわらず、女子がかたづけを押し付けています。

こうした行動のうらがわには、「男子は、女子を助けるべき」という思い込みがかくされています。けれど、とくいなこと、苦手なことは男女に関係なくそれぞれです。

苦手なことを押し付けられたら、だれだっていやな気持ちになりますよね。

「男子だから」「男子のくせに」、「女子だから」「女子のくせに」。これもよくある、アンコンシャス・バイアスなのです。

どうすればよかったのかな？

ここに登場する3人の女子と男子は、みんな虫が苦手です。

そういうときは、「だれか、虫が平気な人いるかな？」とまわりの人に声をかけてみるのはどうでしょう。「あ、私、できるよ」って言ってくれる人が出てくるかもしれません。

また、ティッシュで虫をかくしながらかたづけるなど、苦手な人だけでもなんとかなる方法を考えるのもいいでしょう。

動物が苦手な人は冷たい。
本当にそうかな?

「動物が好きな人はやさしい」「動物が好きな人は性格がいい」

そんなふうに言うのは、たいてい自分も動物が好きな人です。

なぜなら、人は無意識に、自分と同じ考え方の人をひいきするからです。

そして、その気持ちが強くなりすぎると、自分とちがう考え方の人を、よくないと決めつけてしまうことがあります。

この話でいうなら、「動物を好きな人はやさしくて、苦手な人は冷たい」という考え方です。

そもそも、やさしいとか冷たいといった性格と、動物の好ききらいは関係あるとはかぎりません。

つまり、「動物が苦手な人は冷たい」という決めつけは、アンコンシャス・バイアスです。

わかる、わかる

動物が苦手な人って冷たいから、やだ～

………きゃっ！

「動物好き」という言葉の中にも、思い込みがある

「あの人は動物が好きだよね」という言葉で、みなさんはどんな動物を思いうかべますか。たぶん、犬やネコといったペットや、動物園でも人気のあるパンダやゾウ、ライオンなどを想像していないでしょうか。

よく考えれば、ヘビやトカゲ、カエルだって動物ですが、こうした動物が好きな人を、「あの人は動物が好きだよね」とは、あまり言いません。また、たとえヘビやトカゲが苦手でも、「あの人は冷たい」とは言いませんね。

何気なく使っている「動物」という言葉の中にも、思い込みがかくされているのです。

どうすればよかったのかな?

「動物が苦手な人は冷たい」と似ている例ですが、「あんこってまずい」「和菓子っておいしくないよね」などの発言をしてしまうことがあります。けれど、それを好きな人が聞いたとき、どう思うでしょう。

何気ない一言に「もしかしたら、いやな気持ちになる人がいるかも」と考えることが、とても大切なのです。あなたの思いと他の人の思いは同じではないのです。

大阪の人はおもしろい。
本当にそうかな？

「まいど～」「おおきに」「なんやねん！」

　お笑い芸人と呼ばれる人には、大阪出身の人が多いです。　また、バラエティ番組で、大阪の町行く人をインタビューすると、おもしろいリアクションをするので、「大阪の人っておもしろい！」「大阪の人は楽しい」と思いがちです。

　けれど、芸人さんはもともと人を笑わせるのが仕事ですし、インタビューで使われるのは、おもしろいことを言った人ばかりです。

　大阪にも、無口な人もいれば、内気な人もいます。前のページの田中さんは、おとなしい人だったかもしれませんし、転校してきたばかりなのに知らない人に囲まれて、とまどっていたのかもしれません。

　「大阪の人はおもしろい」という決めつけは、アンコンシャス・バイアス。気をつけましょう。

思い込みが差別に つながることも

「大阪の人はおもしろい」と同じように、「都会の人はオシャレ」「都会の人はいそがしそう」「都会の人は冷たい」という思い込みがあります。

けれど、都会と呼ばれる場所には、もともとそこに住んでいた人以外にも、いろいろな地域からやってきた人たちが暮らしています。ですから、それをひとまとめに「オシャレだ」とか「いそがしそう」「冷たい」などと言うのは変だと思いませんか。

思い込みや決めつけは、ときとして差別につながることもあるのです。

どうすればよかったのかな？

転校生は新しい学校でうまくやっていけるだろうか、友だちができるだろうかなど、いろいろな不安をかかえています。だからこそ、「自分が転校生だったら、どんなふうにしてほしいかな？」「どんなふうに声をかけられたらうれしいかな？」と考えてみるのはどうでしょう。きっと、友だちになれるヒントがかくされているはずです。

LGBTQの子は、まわりにいないよ

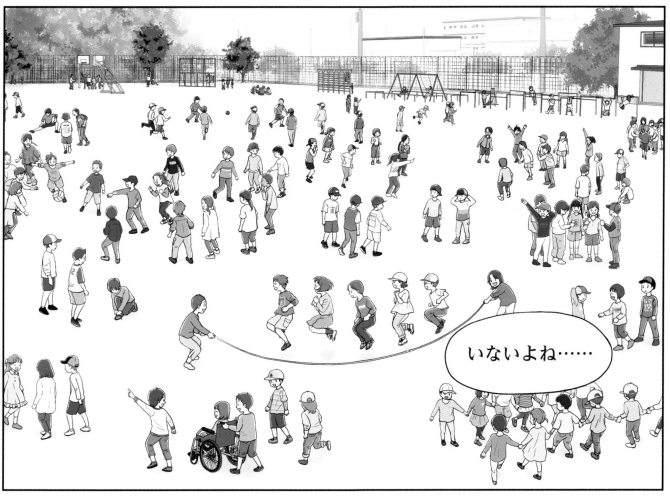

LGBTQの子は まわりにいないって、本当にそうかな?

　LGBTQと聞くと、女性っぽい服装でメイクをした男性を思い浮かべる人が多いですが、これも思い込みです。LGBTQは虹の色にたとえられるように、見た目も、内面も実にさまざまなのです。

　そして、LGBTQの数は、人口の約10人に1人(9.7%)、30名のクラスでは、教室に2〜3名いるといわれています※。

　けれど、「**うちのクラスにはいない**」「**友だちの中にはいない**」という人が多いです。学校のように人がたくさん集まる場所には、割合から考えると必ずいるはずなのに、どうしてでしょう。

　実は、LGBTQの人は、自分の性のありかたをかくすことが多いです。なぜなら、「変な人だと思われたくない」「本当のことを言って、きらわれたくない」という心配があるからです。そのため、まわりからはいないように見えてしまうのです。

　けれど、「そんな子いないよね」と言われたら、自分の存在を否定されたみたいで、悲しい気持ちになるでしょう。

　「**LGBTQの子はまわりにいない**」は、アンコンシャス・バイアスです。

※電通グループ、「LGBTQ+調査2023」より

カミングアウト するかしないかは、本人が決めること

自分の性のありかたを打ち明けることを「カミングアウト」といいます。

「かくしていないで、カミングアウトすればいい」という人もいますが、それもまた、一方的な決めつけです。

だれに、いつ伝えるか。あるいは、伝えないかは、本人が決めることです。

また、「あなたはゲイ?」「君ってトランスジェンダー?」などと聞くのは、相手を追い込んでしまいます。さらに、「私は差別しないよ」「別にいいと思うよ」と言われていやな気持ちになる人もいるのです。覚えておきましょう。

どうすればよかったのかな?

「LGBTQの人は必ずまわりにいる」
「でも、そのことを言えずにいるかもしれない」

そうした思いをいつも持っていることが大切です。その思いがあれば、「うちのクラスにはいないよ」などと言って、だれかをきずつける心配はありません。

また、相手を理解するために、本を読むことなども大切です。

注意するのは、いじめじゃない。だって相手のためだから

昨日、自主練来なかったな

おれたち、待ってたんだぞ

だって、自主練は自由参加だから……

はぁ？ ヘタなくせして何言ってるの？

試合に負けたら、みんなに迷惑がかかるんだぞ

23

相手のためを思って注意するのは、いじめじゃない？
それ本当？

　注意している人たちは、「相手のため」または「チームのため」と思っています。けれど、言われた側はつらい気持ちになっています。

　「これをしたらいじめ」というハッキリした決まりはありませんが、何かされたり言われたりした側が、つらい気持ちになるのはいじめといえるのではないでしょうか。つまり、する側の気持ちや理由ではなく、される側の気持ちが大切なのです。

　試合に勝ちたい、チームを強くしたいという気持ちはよくわかります。だからといって、相手をきずつけてもよい理由にはなりません。

　「ヘタな人はもっと努力しなくてはだめだ」「試合に負けるのはヘタな人のせい」というのは、勝ち負けにこだわる人にありがちな決めつけです。

　「相手のための注意はいじめじゃない」は、アンコンシャス・バイアスです。

だって、自主練は自由参加だから……

いじめじゃねーよ

おれたち、こいつのために注意してるんだから

「自分は絶対に正しい」と思い込むのは危険

新型コロナウイルスが流行したとき、マスクをしていない人や、外出している人、営業している飲食店の悪口や写真をSNSで拡散するなどのいやがらせがおきました。

これは、「自分は絶対に正しいんだ」という考え方の人たちが「あの人（店）はまちがってる。だから、わからせてやろう」「こらしめたっていいんだ」という気持ちがどんどん強くなった結果です。

「自分は絶対に正しい」という思い込みは、だれかをきずつけてしまう危険もあるのです。

どうすればよかったのかな?

練習に出てほしいのなら、「自主練習に参加してほしい」と素直に伝えるのがよいでしょう。また、「負けたら迷惑をかけるんだぞ」と、相手をせめるのではなく、「いっしょにがんばって、強くなろうよ」というポジティブなメッセージなら、みんなが元気になるかもしれません。

失敗しそうだから、
やめておこう

「失敗するかも……」は、きずつくのをさけるため

　転びそうになったとき手をついたり、何かにつかまって転ばないようにした経験はだれにでもあると思います。それは、ケガをしないように体を守る力が備わっているからです。実は、心も同じで、無意識にきずつかないようにします。

　だからこそ、新しいことにチャレンジするとき、「やってみてうれしい気持ちになる」より、「失敗してきずつきたくない。きずつくくらいならやめておこう」と思ってしまうのです。

　たしかに、チャレンジしなければきずつく心配はありませんが、成長もありません。

　また、他の人がチャレンジした姿を見て、「やっぱりやっておけばよかった」と、モヤモヤするかもしれないのです。

　「失敗するかも……」は、自分に対するアンコンシャス・バイアスです。

不安なのは、自分だけじゃない

　不安なときほど、まわりの人が自分よりすぐれているように感じます。そして、「やっぱり自分なんかだめだ」と消極的になってしまうのです。

　けれど、実は、まわりの人も同じように、あなたのことを見て「私よりすぐれていていいな」と思っているかもしれません。

　「失敗は成功のもと」というように、決してマイナスばかりではありません。失敗の中から、どうすればうまくいくのかを学べますし、「次は成功させるぞ！」という気持ちも生まれるのです。

どうすればよかったのかな？

　「やりたい」という気持ちがあるなら、思い切ってチャレンジしてみましょう。

　「失敗するかも」という不安を消すには、何度も何度も練習して自信をつけることです。

　それでも失敗するかもしれませんが、「自分はせいいっぱいやった」という気持ちがあれば、その失敗は大きな財産になるはずです。

こんなことも、アンコンシャス・バイアスかも!?

どっちにしようか
まよったとき、みんなと
同じ方をえらんでしまう。
だって、その方が安心だから。

それまで興味が
なかったのに、みんなが
同じものを持っていると、
すごくほしくなる。

メガネをかけた子は
「頭がよさそう」って感じる。
だって、勉強のしすぎで
目が悪くなったと思うから。

自分のクラスから、学年の代表者が選ばれるとすごくうれしい。ちがうクラスの子が選ばれるのはくやしい。だって、うちのクラスが最高なんだもん！

男子がピンク色の服を着てると、「なんか変なの」って思ってしまう。だって、ピンクは女子の色だから。

女子は手先が器用だよね。男子って不器用だからうらやましいな。

あなたも同じように思ったことはありませんか?

顔や声がひとりひとりちがうように、考え方もひとりひとりちがいます。自分にとっての当たり前は、他の人の当たり前とはかぎりません。思い込みや決めつけが、だれかを、そして自分自身をきずつけてしまうこともあるのです。

さくいん

監修 北村英哉

東洋大学社会学部社会心理学科教授。博士(社会心理学)。専門は社会心理学、感情心理学。人間の大切さを中心に置く心理学の視点から、どのようにして互いに他者を尊重して、社会を営んでいけるかを研究している。主な著書は『偏見や差別はなぜ起こる?』(共編 ちとせプレス 2018年)、『あなたにもある無意識の偏見──アンコンシャスバイアス』(単著 河出書房新社 2021年)など。

文 松島恵利子

マンガ・イラスト のはらあこ

デザイン ダイアートプランニング (土井翔史 石野春加)

それって決めつけじゃない!?
アンコンシャス・バイアス
1巻 男子なら虫がさわれる!?ほか

2024年7月 初版第1刷発行

監修 北村英哉
文 松島恵利子
マンガ・イラスト のはらあこ
発行者 三谷光

発行所 株式会社汐文社
〒102-0071
東京都千代田区富士見1-6-1
TEL 03-6862-5200
FAX 03-6862-5202
https://www.choubunsha.com

印刷・製本 東京美術紙工協業組合

ISBN978-4-8113-3130-0